Il Giardino del Prepper

Coltivare il Proprio Cibo per le Situazioni di Emergenza

Reynard Dawson Snee

Sommario

Introduzione

In un mondo sempre più imprevedibile, l'autosufficienza è diventata un'abilità vitale. Che si tratti di prepararsi ai disastri naturali, all'instabilità economica o semplicemente al desiderio di uno stile di vita più sostenibile, il concetto di "preparazione" si è evoluto da un'idea marginale a una necessità tradizionale. La pietra angolare della preparazione è l'autosufficienza, e poche cose contribuiscono più di un giardino sostenibile e ben pianificato. Questo libro è progettato per guidare sia i giardinieri principianti che quelli esperti verso la creazione di una fonte di cibo resiliente in grado di sostenere te e la tua famiglia nei momenti di bisogno.

Al centro della preparazione c'è la consapevolezza che la dipendenza da sistemi esterni – che si tratti della catena di approvvigionamento alimentare, dei servizi pubblici o delle comodità moderne – può renderci vulnerabili durante una crisi. Coltivare il proprio cibo non è solo una strategia chiave per la sopravvivenza, ma promuove anche una mentalità di indipendenza, intraprendenza e adattabilità. Un giardino è più di un hobby; è un'ancora di salvezza. Fornisce non solo nutrimento ma anche un senso di controllo e sicurezza in tempi incerti.

Questo libro ti accompagnerà attraverso ogni fase dello sviluppo di un giardino produttivo e sostenibile su misura per le tue esigenze e il tuo ambiente. Dalla valutazione del terreno alla selezione delle colture giuste, fino alla padronanza della salute del suolo e della conservazione dell'acqua, copriremo gli elementi essenziali che garantiscono un raccolto di successo anno dopo anno. Imparerai anche strategie per estendere la stagione di crescita, gestire i parassiti e le malattie in modo organico e persino come integrare i principi della permacultura per un ecosistema veramente sostenibile.

Oltre al semplice giardinaggio, questo libro esplora ulteriori modi per sviluppare la resilienza. La ricerca di commestibili selvatici, l'allevamento di piccoli animali e il collegamento con membri della comunità che la pensano allo stesso modo sono tutti strumenti preziosi per garantire la tua preparazione. Coltivando sia il cibo che le relazioni, migliori la tua capacità di prosperare in circostanze difficili.

Che tu ti stia preparando per le emergenze, cerchi uno stile di vita più indipendente o semplicemente desideri riconnetterti con la natura, questo libro ti fornirà le conoscenze e le competenze necessarie per raggiungere l'autosufficienza attraverso il giardinaggio.

Capitolo 1

Iniziare

Prima di iniziare a scavare il terreno o a piantare il primo seme, è fondamentale stabilire una solida base per i tuoi sforzi di giardinaggio. Nel percorso di ogni prepper, un'attenta pianificazione e preparazione sono la chiave del successo, e il tuo giardino non fa eccezione. Questo capitolo ti guiderà attraverso i primi passi essenziali per creare un rigoglioso giardino che non solo soddisfi le tue esigenze quotidiane ma diventi anche una fonte affidabile di sostentamento durante le situazioni di emergenza.

1.1 Valutare le vostre esigenze

Il primo passo per iniziare è valutare le tue esigenze e i tuoi obiettivi specifici. Il giardino di ogni prepper è diverso, adattato alle circostanze, alle risorse e ai climi individuali. Per progettare un giardino che ti sostenga davvero durante la crisi, devi valutare diversi fattori critici:

Dimensioni della famiglia: quante persone dovrà supportare il tuo giardino? Questo numero influenzerà direttamente le dimensioni del tuo giardino e i tipi di colture che sceglierai.

Esigenze dietetiche: considera le esigenze nutrizionali e le preferenze dietetiche della tua famiglia. Esistono alimenti specifici essenziali, come verdure ricche di vitamine o colture ipercaloriche come patate e zucca? Pensa a cosa mangi regolarmente e cosa sarà più prezioso in una situazione di emergenza.

Produzione calorica e nutrizionale: l'orto di un prepper sostenibile non riguarda solo la coltivazione di cibo, ma la coltivazione dei giusti tipi di cibo che offrono il massimo valore nutrizionale. Le colture ricche di carboidrati, proteine e vitamine essenziali dovrebbero costituire la spina dorsale del tuo giardino, mentre le colture a basso rendimento o di lusso potrebbero occupare meno spazio.

Immagazzinamento e conservazione: in caso di crisi, dovrai immagazzinare e preservare ciò che coltivi. Prendi in considerazione le colture che si conservano bene per lunghi periodi, come ortaggi a radice e cereali, e quelle che possono essere essiccate, inscatolate o conservate in altro modo per garantire la sicurezza alimentare tutto l'anno.

Una volta che hai una chiara comprensione delle tue esigenze specifiche, diventa molto più semplice progettare un giardino che offra la resa e la diversità necessarie per uno stile di vita autosufficiente.

1.2 Scegliere la giusta posizione

La posizione del tuo giardino è una delle decisioni più importanti che prenderai. Il sito giusto può fare la differenza tra un giardino produttivo e rigoglioso e uno che fatica a produrre. Quando si seleziona la posizione, è necessario considerare diversi fattori:

Luce solare: la maggior parte delle colture alimentari richiede pieno sole, il che significa almeno 6-8 ore di luce solare diretta ogni giorno. Osserva la tua proprietà per identificare le aree che ricevono molta luce solare durante il giorno, soprattutto durante la stagione di crescita.

Qualità del suolo: la qualità del terreno è fondamentale per il successo del tuo giardino. Il terreno ricco e argilloso è ideale per la maggior parte delle colture, ma molti giardinieri devono fare i conti con tipi di terreno non perfetti, come il terreno argilloso o sabbioso. Il capitolo 2 esplorerà come valutare e modificare il terreno per soddisfare le esigenze delle colture.

Accesso all'acqua: un accesso efficiente all'acqua è essenziale per il successo del tuo giardino, soprattutto in periodi di siccità o restrizioni idriche. Assicurati che il tuo giardino sia situato vicino a una fonte d'acqua affidabile, che si tratti di un sistema di raccolta dell'acqua piovana, di un pozzo o di un'altra fonte sostenibile.

Drenaggio: un drenaggio adeguato è fondamentale. Un giardino che si trova in una zona bassa soggetta a ristagni idrici andrà incontro al marciume radicale e ad altri problemi legati all'acqua. Scegli un sito leggermente rialzato con un buon drenaggio o pianifica di installare letti rialzati se necessario.

Vicinanza a casa tua: in situazioni di emergenza, il tuo giardino dovrebbe essere facilmente accessibile. Valuta di posizionarlo vicino a casa tua in modo da poterlo monitorare e mantenere regolarmente. Ciò consente anche di raccogliere rapidamente quando necessario.

1.3 Progettare la disposizione del tuo giardino

Una volta scelta la posizione ideale per il tuo giardino, il passo successivo è progettare il layout. Una pianificazione del giardino ben studiata non solo massimizza lo spazio, ma aumenta anche la produttività e semplifica la manutenzione.

Letti rialzati rispetto alla semina interrata: i letti rialzati possono offrire numerosi vantaggi, tra cui un migliore drenaggio, un migliore controllo sulla qualità del suolo e un accesso più semplice per la manutenzione. Tuttavia, la semina interrata può essere preferibile se si dispone di uno spazio ampio e di un terreno sano. A seconda della posizione e delle risorse, una combinazione di entrambi potrebbe funzionare meglio.

Posizionamento delle colture: il corretto posizionamento delle colture è vitale per massimizzare l'esposizione alla luce solare e ridurre al minimo i problemi di malattie e parassiti. Le piante più alte, come il mais o i girasoli, dovrebbero essere posizionate dove non facciano ombra sui raccolti più bassi. Raggruppa insieme piante con esigenze simili di acqua e sostanze nutritive per una cura più efficiente.

Distanza tra le file e percorsi: lasciare uno spazio adeguato tra le file e i letti per un facile accesso con strumenti e attrezzature, nonché per la raccolta. Dovresti anche pianificare percorsi sufficientemente ampi per camminare comodamente tra i filari senza danneggiare i raccolti.

Piantagione consociata: la piantagione consociata comporta il posizionamento di piante insieme che si avvantaggiano a vicenda.

Ad esempio, l'abbinamento di legumi che fissano l'azoto come i fagioli con alimenti pesanti come il mais può migliorare la fertilità del suolo. Allo stesso modo, piantare erbe che respingono i parassiti, come il basilico o le calendule, può aiutare a proteggere i raccolti in modo naturale.

Piantagione di successione: valuta la possibilità di pianificare la piantagione di successione per sfruttare al massimo la stagione di crescita. Piantando nuove colture non appena vengono raccolte quelle precedenti, puoi garantire una fornitura continua di prodotti freschi durante tutto l'anno.

Considerazioni sulla sicurezza: durante una crisi, la sicurezza alimentare diventa una preoccupazione primaria. Prendi in considerazione l'aggiunta di barriere naturali, come siepi spinose o recinzioni, per proteggere il tuo giardino da furti o intrusioni di animali.

Conclusione

Iniziare con il giardino del tuo prepper è molto più che semplicemente rivoltare il terreno e piantare semi: si tratta di creare un sistema ben strutturato e resiliente che possa sostenerti sia in tempi normali che in situazioni di emergenza. Valutando attentamente le tue esigenze, scegliendo la posizione giusta e progettando un layout efficiente, stai gettando le basi per un giardino di successo che diventerà una parte vitale del tuo piano di preparazione generale.

Capitolo 2

Preparazione del terreno

Il successo di un giardino dipende fortemente dalla qualità del terreno. Non importa quanto bene pianifichi o quanto attentamente scegli i tuoi raccolti, le cattive condizioni del terreno possono portare a raccolti deludenti. Nel contesto della preparazione, avere un terreno sano e ricco di sostanze nutritive è fondamentale per garantire che il tuo giardino produca raccolti abbondanti e affidabili, anche in condizioni difficili. Questo capitolo ti guiderà attraverso le fasi essenziali della preparazione del terreno, dalla comprensione dei componenti della salute del suolo al test e al miglioramento del terreno per una crescita ottimale delle piante.

2.1 Comprendere la salute del suolo

Il suolo è molto più che semplice terra: è un ecosistema vivente che fornisce le basi per la crescita delle piante. Un terreno sano contiene il giusto equilibrio di nutrienti, materia organica, umidità e microrganismi benefici. Questi elementi lavorano insieme per nutrire le piante, sostenere lo sviluppo delle radici e promuovere la produttività complessiva del giardino. Comprendere questi componenti chiave è il primo passo per creare un terreno fertile:

Materia organica: il materiale vegetale e animale decomposto, noto anche come humus, è essenziale per mantenere la fertilità del suolo. La sostanza organica migliora la struttura del suolo, la ritenzione idrica e la disponibilità di nutrienti. Supporta inoltre una popolazione sana di microrganismi e lombrichi che contribuiscono alla salute delle piante.

Nutrienti: le piante hanno bisogno di diversi nutrienti essenziali per crescere, e questi sono generalmente divisi in macronutrienti (richiesti in quantità maggiori) e micronutrienti (necessari in quantità minori). I macronutrienti primari sono azoto (N), fosforo (P) e potassio (K), spesso indicati come NPK. L'azoto favorisce la crescita delle foglie, il fosforo sostiene lo sviluppo delle radici e il potassio aiuta la produzione di fiori e frutti. Anche calcio, magnesio e zolfo sono macronutrienti importanti. I micronutrienti come ferro, zinco e manganese sono necessari per la salute delle piante, ma sono richiesti in quantità molto minori.

Struttura del terreno: la struttura del terreno, che sia sabbioso, limoso, argilloso o limoso, influisce sulla sua capacità di trattenere acqua e sostanze nutritive. Idealmente, vuoi un terreno argilloso, che abbia un buon equilibrio di sabbia, limo e argilla. Fornisce un adeguato drenaggio, aerazione e capacità di trattenere i nutrienti.

Livello di pH: il pH del terreno influisce sulla capacità delle piante di assorbire i nutrienti. La maggior parte delle verdure preferisce un terreno leggermente acido o neutro, con un intervallo di pH compreso tra 6,0 e 7,0. Se il terreno è troppo acido (pH basso) o troppo alcalino (pH alto), potrebbe limitare la disponibilità di nutrienti, causando una scarsa crescita delle piante.

Vita microbica: il suolo sano è ricco di microrganismi (batteri, funghi e altri organismi benefici) che svolgono un ruolo cruciale nella scomposizione della materia organica e nel rendere i nutrienti disponibili alle piante. Incoraggiare una fiorente comunità microbica è essenziale per la salute e la produttività del suolo a lungo termine.

2.2 Testare il terreno

Prima di iniziare a piantare, è importante comprendere lo stato attuale del terreno. Testare il terreno ti consente di identificare eventuali carenze o squilibri e risolverli prima che ostacolino le prestazioni del tuo giardino. Esistono due tipi principali di test del terreno che ogni giardiniere dovrebbe prendere in considerazione:

Test di base del terreno: questo test misura il livello di pH del terreno, nonché i livelli di nutrienti chiave come azoto, fosforo e potassio. I test di base del suolo sono ampiamente disponibili tramite estensioni agricole locali o kit online e forniscono un'istantanea della fertilità del terreno. Sulla base dei risultati, puoi determinare quali modifiche sono necessarie per bilanciare i livelli di nutrienti del tuo terreno.

Test della consistenza: la consistenza del terreno determina quanto bene trattiene l'acqua e le sostanze nutritive. Un semplice test in vaso può aiutarti a determinare se il terreno è sabbioso, limoso, argilloso o argilloso. Riempi un barattolo di terra, aggiungi acqua e scuotilo vigorosamente. Dopo che il terreno si è depositato, osserva gli strati. Prima si depositerà la sabbia, seguita dal limo e poi dall'argilla. Comprendere la struttura del terreno ti aiuterà a scegliere gli emendamenti giusti per migliorarne la struttura.

Test avanzati: per informazioni più dettagliate, è possibile inviare un campione di terreno a un laboratorio per l'analisi. Test avanzati del suolo possono fornire informazioni sui livelli di micronutrienti, sul contenuto di materia organica e sulla presenza di contaminanti dannosi come i metalli pesanti. Questa informazione è particolarmente utile se stai avviando un giardino su un terreno precedentemente inutilizzato o contaminato.

2.3 Modificare e arricchire il suolo

Una volta testato il terreno e identificato eventuali carenze, il passo successivo è modificarlo e arricchirlo. Gli ammendanti del suolo migliorano le proprietà fisiche e chimiche del suolo, garantendo che possa supportare una crescita sana delle piante. Esistono diversi tipi di ammendanti che puoi utilizzare per migliorare diversi aspetti del tuo terreno:

Materia organica: l'aggiunta di materia organica è uno dei modi più efficaci per migliorare la salute del suolo. Il compost, il letame ben decomposto, la muffa delle foglie e le colture da concime verde (come il trifoglio o la segale) forniscono un apporto costante di sostanze nutritive, migliorano la struttura del suolo e promuovono l'attività microbica. Incorpora la materia organica nel terreno ogni stagione per mantenere la fertilità.

Compost: il compost è uno dei migliori ammendanti per costruire un terreno sano. Aggiunge materiale organico, migliora la struttura del suolo e fornisce nutrienti essenziali. Il compost fatto in casa può essere creato utilizzando scarti di cucina, rifiuti del giardino e letame animale, offrendo un modo sostenibile per riciclare il materiale organico. Il compostaggio sarà discusso più dettagliatamente nel capitolo 9.

Modifiche specifiche per i nutrienti:

Azoto: se l'analisi del terreno rivela bassi livelli di azoto, aggiungi emendamenti ricchi di azoto come farina di sangue, farina di piume o emulsione di pesce. L'azoto è essenziale per la crescita delle foglie e degli steli, ma può esaurirsi rapidamente, soprattutto nelle colture ad alto consumo come il mais.

Fosforo: la farina di ossa o il fosfato naturale possono aiutare a migliorare i livelli di fosforo, promuovendo una forte crescita e fioritura delle radici.

Potassio: la cenere di legno, la farina di alghe e la sabbia verde sono ottime fonti di potassio, che favorisce la salute generale delle piante e la resistenza alle malattie.

Regolazioni del pH:

Aumento del pH (per ridurre l'acidità): se il terreno è troppo acido, puoi aumentare il pH aggiungendo calce agricola (carbonato di calcio) o calce dolomitica (che aggiunge anche magnesio). Applicare la calce in autunno o all'inizio della primavera per dargli il tempo di integrarsi con il terreno.

Abbassare il pH (per ridurre l'alcalinità): se il terreno è troppo alcalino, lo zolfo o la torba possono aiutare ad abbassare il pH. Sii cauto con queste modifiche, poiché potrebbero essere necessari diversi mesi per vedere un cambiamento notevole nel pH.

Modifiche alla struttura del suolo:

Migliorare il terreno sabbioso: il terreno sabbioso drena troppo rapidamente e non trattiene bene i nutrienti. Aggiungi materia organica, come compost o letame invecchiato, per migliorare la sua capacità di trattenere l'acqua e la ritenzione dei nutrienti.

Migliorare il terreno argilloso: il terreno argilloso tende a trattenere troppa acqua e può compattarsi facilmente, rendendo difficile la crescita delle radici. Aggiungi materia organica e sabbia grossolana o perlite per rompere l'argilla e migliorare l'aerazione e il drenaggio.

Conclusione

La preparazione del terreno è la base di ogni giardino di successo e, nel giardino di un preparatore, è particolarmente cruciale. Comprendendo la composizione del tuo terreno, testandone la salute e modificandolo con i materiali giusti, puoi assicurarti che il tuo giardino abbia il terreno ricco e fertile di cui ha bisogno per prosperare. Il tempo e lo sforzo investiti nella preparazione del terreno verranno ripagati sotto forma di piante sane e produttive che forniranno una fonte affidabile di cibo sia nei momenti buoni che in quelli cattivi.

Capitolo 3

Selezione delle colture

Selezionare le colture giuste per l'orto del tuo prepper è un passo fondamentale per assicurarti di avere una fonte di cibo affidabile e varia, soprattutto durante le situazioni di emergenza. L'obiettivo è coltivare colture che non siano solo nutrienti e ad alto rendimento, ma anche adatte ai tuoi specifici vincoli di clima, suolo e spazio. Questo capitolo ti guiderà attraverso il processo di scelta delle migliori colture per il tuo giardino, concentrandosi su verdure ad alto rendimento, piante ed erbe perenni e piantagioni stagionali strategiche.

3.1 Verdure ad alto rendimento

Le verdure ad alto rendimento dovrebbero costituire la spina dorsale dell'orto di ogni prepper. Queste colture sono note per la produzione di grandi quantità di cibo per pianta o per metro quadrato di spazio nel giardino, garantendo che i tuoi sforzi siano ricompensati con raccolti abbondanti. Quando selezioni le verdure ad alto rendimento, considera non solo la loro produttività ma anche il loro valore nutrizionale e il potenziale di conservazione. Di seguito sono elencate alcune delle colture più produttive e affidabili da includere:

Pomodori: i pomodori sono i preferiti dei prepper per la loro versatilità e le rese elevate. Possono essere utilizzati freschi, in scatola, essiccati o trasformati in salse, zuppe e paste. Scegli sia varietà determinate, che producono tutti i frutti in una volta, sia varietà indeterminate, che continuano a produrre per tutta la stagione.

Zucchine e zucchine estive: queste piante sono incredibilmente prolifiche, con solo poche piante che producono una grande quantità di frutti durante la stagione. Le zucchine possono essere consumate fresche, cotte o conservate congelandole o disidratandole.

Patate: le patate sono un raccolto ricco di calorie, il che le rende un alimento base prezioso nell'orto di ogni prepper. Possono essere conservati per mesi in un luogo fresco e buio, fornendo una fonte di carboidrati a lunga durata. Anche le patate crescono bene in una varietà di climi e possono essere coltivate in contenitori, rendendole un'opzione versatile.

Fagioli: sia i fagiolini che quelli polari sono scelte eccellenti per un giardino ad alto rendimento. I fagiolini richiedono spazio verticale ma producono continuamente durante la stagione di crescita, mentre i fagiolini tendono a dare un grande raccolto. I fagioli non sono solo una fonte di proteine, ma aiutano anche a migliorare la fertilità del suolo fissando l'azoto nel terreno.

Peperoni: i peperoni, sia dolci che piccanti, sono piante altamente produttive che prosperano nei climi caldi. Sono versatili in cucina e possono essere consumati freschi, marinati, essiccati o conservati.

Cavolo: il cavolo è una coltura resistente che cresce bene nei climi più freddi. Può essere conservato per mesi in una cantina o trasformato in crauti per una conservazione a lungo termine. Le sue teste dense forniscono molto cibo per pianta, rendendola una scelta efficiente per i piccoli giardini.

Carote e barbabietole: gli ortaggi a radice come carote e barbabietole sono eccellenti per i prepper perché possono essere conservati per lunghi periodi nelle cantine delle radici o nelle celle frigorifere. Sono ricchi di vitamine e minerali e possono essere consumati freschi, cotti o conservati.

Verdure a foglia (spinaci, cavoli, bietole): le verdure a foglia crescono rapidamente e possono essere raccolte più volte durante la stagione di crescita. Sono ricchi di nutrienti e forniscono vitamine e minerali essenziali. Queste verdure possono anche essere disidratate per la conservazione a lungo termine o congelate per un uso successivo.

3.2 Piante ed erbe perenni

Sebbene le verdure annuali siano essenziali per ottenere rendimenti elevati, incorporare piante ed erbe perenni nel tuo giardino può aumentarne notevolmente la sostenibilità. Le piante perenni sono piante che ritornano anno dopo anno con un intervento minimo, rendendole una fonte di cibo a lungo termine e a bassa manutenzione. Queste colture sono particolarmente preziose nel giardino di un preparatore perché forniscono rendimenti affidabili senza bisogno di essere ripiantate ogni stagione.

Asparagi: gli asparagi sono una delle migliori verdure perenni per l'orto di un prepper. Una volta stabilizzato, produce un raccolto abbondante ogni primavera con poche cure. Anche se sono necessari alcuni anni per stabilizzarsi, una volta maturo produrrà per decenni.

Rabarbaro: il rabarbaro è un'altra pianta perenne resistente che può fornire un raccolto affidabile per molti anni. Viene utilizzato principalmente in torte e conserve e può crescere in una varietà di climi.

Topinambur (Sunchokes): questi tuberi sono facili da coltivare, producono rese elevate e sono una buona fonte di carboidrati. Possono essere raccolti in autunno e conservati per mesi, rendendoli un eccellente raccolto di riserva.

Erbe perenni (timo, salvia, rosmarino, menta): le erbe perenni sono un must nel giardino di ogni prepper, poiché aggiungono sapore ai pasti e spesso hanno usi medicinali. Erbe come timo, salvia, rosmarino e menta sono resistenti, resistenti alla siccità e ritornano anno dopo anno. Possono essere raccolti ed essiccati per la conservazione a lungo termine, fornendo una fornitura per tutto l'anno di ingredienti culinari e medicinali.

Bacche (lamponi, more, fragole): i cespugli e le piante di bacche perenni sono un'ottima aggiunta a qualsiasi giardino. Una volta stabiliti, producono frutti ogni stagione con la minima cura. Le bacche possono essere consumate fresche o conservate mediante inscatolamento, congelamento o essiccazione.

Alberi da frutto (mele, pere, prugne): sebbene gli alberi da frutto impieghino diversi anni per maturare, offrono una fonte di cibo a lungo termine che può durare per decenni. Mele, pere e prugne sono relativamente facili da coltivare e possono essere conservate fresche, essiccate o trasformate in conserve, marmellate o sidro.

3.3 Strategie di semina stagionale

Per massimizzare la produttività del tuo giardino, è essenziale comprendere i principi della semina stagionale. Colture diverse prosperano in condizioni diverse, quindi un giardino ben pianificato sfrutta l'intera stagione di crescita piantando le colture al momento giusto. Esistono tre tipi principali di colture in base a quando vengono piantate e raccolte: colture della stagione fredda, colture della stagione calda e piantagioni in successione.

Colture per la stagione fresca: le colture per la stagione fresca vengono piantate all'inizio della primavera o in autunno, poiché preferiscono temperature più fresche e possono tollerare gelate leggere. Questi includono colture come lattuga, spinaci, piselli, broccoli e carote. Piantarli all'inizio della stagione ti consente di raccogliere prima del caldo intenso dell'estate, e molti di questi raccolti possono essere piantati nuovamente a fine estate per un raccolto autunnale.

Colture della stagione calda: le colture della stagione calda, come pomodori, peperoni, cetrioli e zucca, necessitano di terreno caldo e temperature dell'aria per prosperare. Queste colture dovrebbero essere piantate dopo l'ultima gelata in primavera e richiedono piena luce solare per produrre raccolti abbondanti. In molte regioni continuano a produrre fino al primo gelo autunnale.

Piantagione di successione: la semina di successione è una strategia che massimizza la produttività del tuo giardino piantando continuamente colture durante tutta la stagione di crescita. Ad esempio, dopo aver raccolto i raccolti della stagione fresca come lattuga e spinaci all'inizio dell'estate, puoi sostituirli con raccolti della stagione calda come fagioli o zucca. Ciò garantisce che il tuo giardino sia sempre in produzione, con nuove piante pronte a sostituire quelle raccolte.

Consociazione e piantagione scaglionata: la consociazione prevede la semina di colture a crescita rapida come ravanelli o lattuga tra quelle a crescita più lenta come pomodori o peperoni. Ciò ti consente di massimizzare spazio e tempo. La semina scaglionata, invece, prevede la semina di colture come fagioli o carote a intervalli di poche settimane per garantire un raccolto continuo per tutta la stagione, anziché far maturare tutte le colture contemporaneamente.

Consociazione di piante per l'efficienza: la consociazione di piante implica la coltivazione insieme di colture che apportano benefici reciproci. Ad esempio, piantare fagioli insieme al mais fornisce azoto al mais, mentre il mais offre supporto alle piante di fagioli. La consociazione di piante può anche aiutare a scoraggiare i parassiti e migliorare la salute generale del giardino.

Conclusione

Selezionare le colture giuste per il giardino del tuo prepper è molto più che scegliere semplicemente cosa coltivare; si tratta di progettare un sistema che nutrirà la tua famiglia in modo affidabile durante le stagioni. Concentrandoti su verdure ad alto rendimento, piante perenni e piantagioni stagionali strategiche, puoi creare un orto che massimizza la produttività e minimizza i rischi associati alla carenza di cibo o alle emergenze.

Capitolo 4

Tecniche di semina

Una volta selezionate le colture giuste, il passo successivo è padroneggiare le tecniche per piantare e coltivare con successo il tuo giardino. Questo capitolo ti guiderà attraverso vari metodi di semina per garantire un giardino produttivo, indipendentemente dallo spazio o dalle condizioni. Dall'avvio dei semi in casa all'utilizzo di strategie di semina efficienti come la semina diretta, il trapianto e la consociazione, imparerai come ottimizzare il potenziale del tuo giardino da zero. Che tu sia un giardiniere esperto o che tu abbia appena iniziato, queste tecniche ti aiuteranno a massimizzare i raccolti e a creare una fonte di cibo resiliente e autosufficiente.

4.1 Inizio del seme in ambienti chiusi

Uno dei modi migliori per prolungare la stagione di crescita e garantire un buon inizio per il tuo giardino è avviare la semina in casa. Questo metodo ti consente di anticipare la stagione, soprattutto nelle regioni con periodi di crescita brevi, coltivando piantine che possono essere trapiantate all'aperto una volta che le condizioni sono ideali. Avviare la semina indoor offre numerosi vantaggi, come un migliore controllo sull'ambiente di coltivazione, la protezione dai parassiti e la capacità di coltivare piante tenere prima di esporle agli elementi.

Scegliere i semi giusti: non tutti i semi devono essere piantati in casa, ma molte colture della stagione calda come pomodori, peperoni e melanzane traggono vantaggio dalla semina anticipata in casa. Anche le piante resistenti al freddo come cavoli, broccoli e lattuga possono essere coltivate in casa per un raccolto all'inizio della primavera.

Materiali di cui avrai bisogno: per avviare la semina in casa, avrai bisogno di vassoi per semi o piccoli vasi, una miscela per la semina (un terreno leggero e ben drenante), una fonte di luce (come un davanzale soleggiato o luci di coltivazione) e un ambiente caldo (di solito intorno ai 65-75°F).

Tempistica: è importante programmare la semina indoor in base alle esigenze di ciascuna pianta. In genere, i semi vengono avviati in casa 6-8 settimane prima dell'ultima data di gelo prevista nella tua zona. Assicurati di controllare le raccomandazioni specifiche per ciascuna coltura, poiché alcune piante, come i pomodori, hanno bisogno di più tempo per svilupparsi rispetto alle piante a crescita rapida come la lattuga.

Trapianto all'aperto: quando le piantine hanno sviluppato un forte apparato radicale e sono abbastanza grandi da poter essere maneggiate, possono essere trapiantate all'aperto dopo che il pericolo di gelo è passato. Indurili prima esponendoli gradualmente alle condizioni esterne per una settimana per ridurre al minimo lo shock da trapianto.

4.2 Semina diretta vs. trapianto

La decisione se seminare direttamente o trapiantare le piantine dipende dalla coltura e dalle condizioni del tuo giardino. Entrambi i metodi trovano il loro posto in un giardino ben pianificato e capire quando utilizzare ciascuna tecnica aiuterà a garantire una piantagione di successo.

Semina diretta: alcune piante crescono meglio quando i loro semi vengono seminati direttamente nel terreno del giardino, dove cresceranno indisturbati. Colture come fagioli, piselli, carote, ravanelli e spinaci non si trapiantano bene e dovrebbero essere seminate direttamente. Queste piante in genere hanno tassi di germinazione rapidi e possono gestire le prime condizioni esterne se piantate al momento giusto.

Vantaggi: la semina diretta è semplice, richiede uno sforzo minimo e garantisce che le piante stabiliscano sistemi radicali forti senza il rischio di shock da trapianto. È particolarmente utile per le colture che non amano essere spostate, così come per le grandi aree dove piantare singole piantine richiederebbe molto tempo.

Svantaggi: i semi seminati direttamente sono più vulnerabili ai parassiti, alle fluttuazioni meteorologiche e alle cattive condizioni del terreno. Inoltre, i semi piantati all'aperto potrebbero dover affrontare la concorrenza delle erbe infestanti e potrebbero non germogliare in modo uniforme come quelli piantati all'interno.

Trapianto: per le colture che beneficiano di un inizio precoce o che richiedono maggiore protezione, il trapianto di piantine in giardino può offrire un migliore controllo sulle condizioni di crescita. Piante come pomodori, peperoni e molte erbe traggono vantaggio dall'essere piantate in casa e poi trapiantate una volta che sono abbastanza forti da prosperare all'aperto.

Vantaggi: il trapianto dà alle piante un vantaggio nella stagione di crescita, soprattutto nelle regioni con periodi di crescita brevi. Consente inoltre un migliore controllo sui tassi di germinazione
e la salute precoce delle piante, poiché le piantine sono protette dalle condizioni esterne durante la loro fase più vulnerabile.

Svantaggi: il trapianto può causare shock alle piante, soprattutto se non eseguito con attenzione. Alcune piante potrebbero avere difficoltà ad adattarsi al nuovo ambiente, portando a una crescita più lenta o a rese inferiori.

4.3 Consociazione di piante per il controllo dei parassiti

La consociazione di piante è una tecnica collaudata nel tempo che accoppia insieme diverse piante per migliorare la crescita, respingere i parassiti e aumentare la produttività. Posizionando strategicamente le piante che si avvantaggiano a vicenda nelle immediate vicinanze, puoi creare un ecosistema del giardino più sano ed equilibrato. Questo metodo è particolarmente importante nel giardino di un prepper, poiché riduce la necessità di interventi chimici e promuove il controllo naturale dei parassiti.

Repellenti contro i parassiti: alcune piante hanno proprietà naturali repellenti contro i parassiti e possono proteggere i loro vicini dagli insetti. Ad esempio, le calendule vengono spesso piantate con i pomodori perché scoraggiano i nematodi e altri insetti dannosi. Allo stesso modo, il basilico è un ottimo compagno per i pomodori poiché aiuta a respingere afidi, mosche bianche e zanzare.

Beneficio reciproco: la consociazione di piante può anche migliorare la crescita delle piante migliorando la disponibilità di nutrienti o creando condizioni di crescita favorevoli. Ad esempio, la classica combinazione delle "Tre sorelle" (mais, fagioli e zucca) dimostra come le piante possano sostenersi a vicenda. Il mais fornisce un traliccio naturale per i fagioli, i fagioli fissano l'azoto nel terreno a beneficio del mais e della zucca, e la zucca si diffonde lungo il terreno, agendo come un pacciame vivente per trattenere l'umidità ed eliminare le erbacce.

Colture trappola: un'altra strategia di semina complementare consiste nell'utilizzare "colture trappola" per attirare i parassiti lontano dalle colture principali. Ad esempio, i nasturzi vengono spesso utilizzati come coltura trappola per gli afidi, proteggendo verdure come cavoli o cetrioli.

Policoltura vs. monocoltura: la consociazione di piante funziona meglio nei sistemi di policoltura, dove più specie di piante vengono coltivate insieme nello stesso spazio. Ciò imita la diversità presente negli ecosistemi naturali, che aiuta a prevenire la diffusione di parassiti e malattie, rispetto ai giardini monocoltura, dove un tipo di pianta domina e diventa un bersaglio per i parassiti.

Conclusione

Padroneggiare le tecniche di semina del tuo orto garantisce che ogni raccolto abbia il miglior inizio e l'ambiente possibili per prosperare. Sia che tu stia avviando la semina in casa per un salto anticipato nella stagione di crescita, seminando direttamente le colture che danno il meglio sul posto o utilizzando la consociazione di piante per creare un ecosistema equilibrato, questi metodi ti aiuteranno a ottimizzare la produttività.

Capitolo 5

Irrigazione e irrigazione

L'acqua è una delle risorse più critiche per un giardino di successo, soprattutto in un giardino dove l'autosufficienza è fondamentale. Garantire che le tue piante ricevano acqua adeguata, senza uso eccessivo o sprechi, è fondamentale per massimizzare i raccolti, in particolare durante le situazioni di emergenza in cui l'acqua potrebbe scarseggiare. In questo capitolo esploreremo come valutare il fabbisogno idrico del tuo giardino, implementare tecniche di irrigazione efficienti e sfruttare le risorse idriche naturali attraverso metodi come la raccolta dell'acqua piovana. Padroneggiare queste tecniche aiuterà a garantire che il tuo giardino prosperi anche in condizioni difficili.

5.1 Comprendere i fabbisogni idrici

Ogni pianta del tuo giardino ha esigenze idriche specifiche a seconda del tipo, della fase di crescita e dell'ambiente in cui viene coltivata. Comprendere queste esigenze ti aiuterà ad applicare l'acqua in modo più efficace, garantendo che ogni goccia venga utilizzata in modo efficiente.

Fattori che influenzano il fabbisogno idrico:

Tipo di pianta: colture diverse richiedono quantità diverse di acqua. Le verdure a foglia verde come la lattuga e gli spinaci tendono ad aver bisogno di più acqua, soprattutto nella stagione calda, mentre le colture a radice come carote e patate possono spesso tollerare condizioni più secche. Le colture resistenti alla siccità, come fagioli e zucca, richiedono annaffiature meno frequenti una volta stabilite.

Tipo di terreno: il suolo svolge un ruolo significativo nel modo in cui l'acqua viene assorbita e trattenuta. I terreni sabbiosi drenano rapidamente, richiedendo irrigazioni più frequenti, mentre i terreni argillosi trattengono l'acqua più a lungo ma sono soggetti a ristagni se eccessivamente irrigati. I terreni argillosi sono ideali poiché trattengono l'umidità e allo stesso tempo drenano bene.

Condizioni meteorologiche: temperatura, vento e umidità influenzano la quantità di acqua di cui avrà bisogno il tuo giardino. Condizioni calde, secche e ventose fanno evaporare l'acqua più rapidamente, aumentando la necessità di irrigazione, mentre il clima più fresco, nuvoloso o umido diminuisce la quantità di acqua richiesta.

Fase di crescita: le piante necessitano di quantità diverse di acqua durante il loro ciclo di crescita. Le piantine richiedono un'umidità costante per stabilire le radici, mentre le piante mature possono sopportare condizioni più secche, in particolare quelle con sistemi radicali profondi.

Segni di irrigazione eccessiva o insufficiente: monitorare le piante per rilevare eventuali segni di stress idrico è fondamentale per mantenerne la salute. L'irrigazione eccessiva può portare a marciume radicale, foglie ingiallite e malattie fungine, mentre l'irrigazione insufficiente provoca avvizzimento, crescita stentata e foglie secche e croccanti. Modifica di conseguenza il tuo programma di irrigazione in base a questi segnali per evitare stress e garantire una crescita sana delle piante.

5.2 Tecniche di irrigazione efficienti

Usare l'acqua in modo efficiente è essenziale per preservare le risorse e garantire che il tuo giardino rimanga produttivo, soprattutto quando l'acqua scarseggia. L'utilizzo dei giusti metodi di irrigazione aiuterà a ridurre gli sprechi d'acqua e garantirà che le piante ricevano l'umidità di cui hanno bisogno senza un uso eccessivo.

Irrigazione profonda: l'irrigazione profonda incoraggia le piante a sviluppare sistemi di radici profonde, rendendole più resistenti alla siccità. Invece di annaffiare frequentemente e superficialmente, che bagna solo lo strato superiore del terreno, annaffia profondamente e meno spesso. Ciò garantisce che l'acqua raggiunga la zona delle radici della pianta, aiutandola a diventare più forte e resistente.

Sistemi di irrigazione a goccia: uno dei modi più efficienti per irrigare il vostro giardino è attraverso l'irrigazione a goccia. Questo sistema fornisce l'acqua direttamente alle radici della pianta attraverso una rete di tubi ed emettitori, riducendo gli sprechi d'acqua dovuti all'evaporazione e al deflusso. L'irrigazione a goccia può essere automatizzata con timer, consentendo un controllo preciso sulla quantità di acqua ricevuta da ciascuna pianta.

Tubi per l'irrigazione: i tubi per l'irrigazione funzionano in modo simile all'irrigazione a goccia ma sono più facili da installare. Rilasciano lentamente l'acqua lungo la loro lunghezza, che filtra direttamente nel terreno. I tubi flessibili sono un'opzione eccellente per i giardini più grandi e possono essere posizionati attorno alla base delle piante per fornire umidità dove è più necessaria.

Pacciamatura per trattenere l'umidità: la pacciamatura è una tecnica semplice ma efficace per conservare l'umidità del suolo. Uno spesso strato di pacciame organico, come paglia, trucioli di legno o foglie, aiuta a trattenere l'umidità riducendo l'evaporazione dalla superficie del terreno. Inoltre, mantiene il terreno più fresco quando fa caldo ed elimina le erbacce che potrebbero competere con le colture per l'acqua.

Irrigazione al momento giusto: il tempismo è fondamentale per un'irrigazione efficiente. Il momento migliore per innaffiare il giardino è la mattina presto o il tardo pomeriggio, quando le temperature sono più fresche e l'evaporazione è ridotta al minimo. Evita di annaffiare durante le ore più calde della giornata, poiché ciò porta a una maggiore perdita d'acqua e può causare bruciature alle foglie quando le gocce d'acqua amplificano la luce solare.

Irrigazione mirata: invece di irrigare l'intero giardino indiscriminatamente, concentrati sul fornire acqua direttamente alla base di ciascuna pianta. L'uso di un annaffiatoio o di un tubo flessibile con ugello consente di mirare ad aree specifiche, garantendo che solo le piante che necessitano di acqua la ricevano. Ciò riduce gli sprechi e aiuta a prevenire la proliferazione delle erbacce.

5.3 Raccolta dell'acqua piovana

In tempi di scarsità o emergenza idrica, avere una fonte d'acqua sostenibile ha un valore inestimabile. La raccolta dell'acqua piovana è una soluzione pratica ed ecologica per garantire che il tuo giardino abbia un approvvigionamento idrico costante, anche durante i periodi di siccità o di restrizioni idriche. Raccogliendo e immagazzinando l'acqua piovana, puoi ridurre la tua dipendenza dalle fonti idriche comunali e garantire che il tuo giardino prosperi in qualsiasi condizione.

Impostazione di un sistema di raccolta dell'acqua piovana: un sistema di raccolta dell'acqua piovana di base è costituito da una superficie di raccolta (solitamente un tetto), un sistema di grondaie per dirigere l'acqua e contenitori di stoccaggio, come barili per la pioggia o serbatoi più grandi. L'installazione di schermi o filtri sulle aperture delle grondaie aiuta a mantenere detriti come foglie e insetti fuori dall'acqua raccolta.

Barili per la pioggia: i barili per la pioggia sono un'opzione semplice ed economica per raccogliere l'acqua piovana. Possono essere installati alla base di un pluviale, dove raccolgono l'acqua che scorre dal tetto. Molti barili per la pioggia sono dotati di rubinetti per un facile accesso all'acqua e possono essere collegati a un tubo o utilizzati con un annaffiatoio.

Serbatoi di stoccaggio più grandi: se vivi in una zona con piogge frequenti o desideri raccogliere grandi quantità di acqua per un uso a lungo termine, considera l'installazione di un serbatoio di stoccaggio più grande. Questi serbatoi possono contenere centinaia o addirittura migliaia di litri d'acqua e possono essere dotati di pompe per distribuire l'acqua nel tuo giardino secondo necessità.

Conservazione dell'acqua con l'acqua piovana: poiché l'acqua piovana è naturalmente dolce e priva di sostanze chimiche come il cloro, è ideale per le piante. Puoi utilizzare l'acqua piovana per l'irrigazione ed è particolarmente utile durante i periodi di siccità quando altre fonti d'acqua possono essere limitate o costose.

Sistemi di acque grigie: oltre alla raccolta dell'acqua piovana, i sistemi di acque grigie possono aiutare a conservare l'acqua riutilizzando l'acqua domestica per l'irrigazione. L'acqua grigia è l'acqua che è stata utilizzata per lavare i piatti, il bucato o il bagno e può essere deviata nel tuo giardino con un'adeguata filtrazione. Ciò può fornire un'ulteriore fonte d'acqua per le tue colture, riducendo ulteriormente la tua dipendenza dalle forniture comunali.

Conclusione

La gestione dell'acqua è fondamentale per il successo del giardino di ogni preparatore. Comprendendo le esigenze idriche delle tue piante, impiegando tecniche di irrigazione efficienti e utilizzando pratiche sostenibili come la raccolta dell'acqua piovana, puoi garantire che il tuo giardino rimanga produttivo anche durante la carenza d'acqua o le emergenze.

Capitolo 6

Gestione dei parassiti e delle malattie

Una delle sfide più significative che un giardiniere deve affrontare è la minaccia rappresentata da parassiti e malattie. In un giardino di prepper, dove l'obiettivo è l'autosufficienza, è essenziale sviluppare un approccio proattivo per gestire queste minacce senza fare affidamento su pesticidi chimici o trattamenti sintetici che potrebbero non essere disponibili in situazioni di emergenza. Questo capitolo ti guiderà attraverso l'identificazione dei parassiti comuni, l'implementazione di metodi di controllo biologico dei parassiti e l'utilizzo di misure preventive per creare un giardino resistente e in grado di prosperare nonostante la presenza di parassiti e malattie.

6.1 Identificazione dei parassiti comuni

Il primo passo per una gestione efficace dei parassiti è identificare i parassiti che potrebbero colpire le vostre colture. Diversi parassiti prendono di mira piante diverse e comprendere i segni dell'attività dei parassiti ti consentirà di agire prima che le infestazioni diventino ingestibili.

insetti:

Afidi: questi piccoli insetti dal corpo molle si raggruppano sulla parte inferiore delle foglie e degli steli, succhiando la linfa dalle piante e causando ingiallimento, crescita stentata e foglie distorte. Gli afidi espellono anche la melata, che può attirare le formiche e favorire la crescita di muffe fuligginose.

Bruchi: larve di farfalle e falene, i bruchi sono mangiatori voraci che possono defogliare intere piante se lasciati senza controllo. Cerca buchi nelle foglie, negli escrementi (escrementi di bruco) e negli steli delle piante masticate.

Insetti di zucca: un comune parassita di zucca, zucche e zucchine, gli insetti di zucca si nutrono della linfa delle piante, causandone avvizzimento e ingiallimento. Le loro uova si trovano sul lato inferiore delle foglie e gli insetti adulti assomigliano a coleotteri marroni piatti.

Lumache e chiocciole: questi parassiti sono particolarmente dannosi negli ambienti umidi. Mangiano foglie, steli e persino radici, spesso lasciando dietro di sé tracce viscide rivelatrici.

Mammiferi e uccelli:

Conigli: noti per il loro appetito per le verdure a foglia verde, i conigli possono rapidamente decimare un giardino. Cerca danni netti a livello del suolo, poiché i conigli tendono a rosicchiare le piante tenere.

Cervo: i cervi spesso prendono di mira alberi da frutto, bacche e verdure. Lasciano lacrime irregolari sulle piante e sono noti per la loro capacità di spogliare intere sezioni di un giardino.

Uccelli: molti uccelli amano beccare frutti, bacche e semi. La rete è spesso necessaria per proteggere i raccolti dai danni.

Nematodi e altri parassiti del suolo:

Nematodi dei nodi radicali: questi vermi microscopici infestano le radici delle piante, causando galle o nodi che portano a una crescita stentata e ad avvizzimento. Le piante colpite dai nematodi spesso mostrano carenze nutrizionali nonostante le condizioni adeguate del terreno.

Riconoscere precocemente i segnali dell'attività dei parassiti consente di intervenire con trattamenti adeguati prima che l'infestazione si diffonda, minimizzando i danni alle colture.

6.2 Metodi di controllo biologico dei parassiti

Nel giardino di un prepper, dove la sostenibilità e le soluzioni naturali hanno la priorità, i metodi biologici di controllo dei parassiti sono essenziali. Questi metodi sono efficaci, sicuri per l'ambiente e possono essere implementati senza la necessità di prodotti chimici di sintesi, rendendoli ideali per l'autosufficienza a lungo termine.

Barriere fisiche:

Coperture per filari: tessuti leggeri e traspiranti possono essere utilizzati per coprire le colture, creando una barriera fisica tra piante e parassiti. Le coperture per filari sono particolarmente efficaci per proteggere le piantine da insetti come afidi, bruchi e scarafaggi e possono anche proteggere le piante da condizioni meteorologiche estreme.

Pacciamatura: i pacciami organici, come paglia o trucioli di legno, non solo trattengono l'umidità ma fungono anche da barriera contro i parassiti striscianti come lumache e chiocciole. Alcuni tipi di pacciame, come il cedro, possono respingere naturalmente alcuni insetti.

Rete: la rete per uccelli può impedire agli uccelli di mangiare frutta, bacche e semi, mentre la rete metallica o il tessuto per l'hardware possono scoraggiare animali più grandi come conigli o scoiattoli.

Predatori naturali: incoraggiare la presenza di insetti e animali utili nel tuo giardino è uno dei modi migliori per tenere sotto controllo le popolazioni di parassiti. Molti insetti agiscono come predatori naturali, nutrendosi di parassiti dannosi senza danneggiare le piante.

Coccinelle: questi coleotteri sono voraci mangiatori di afidi e altri insetti dal corpo molle. Attirare le coccinelle piantando fiori come calendule o achillea può aiutare a tenere sotto controllo le popolazioni di afidi.

Lacewings: come le coccinelle, le larve dei lacewings sono predatori naturali di afidi, bruchi e acari. Piantare fiori ricchi di polline aiuterà ad attrarre e sostenere questi insetti benefici.

Uccelli: alcune specie di uccelli, come gli scriccioli e i passeri, mangiano bruchi, scarafaggi e altri parassiti del giardino. Installare casette per gli uccelli e fornire una fonte d'acqua può incoraggiare gli uccelli a visitare il tuo giardino.

Spray insetticidi fatti in casa: quando le infestazioni diventano più gravi, gli spray insetticidi fatti in casa possono offrire una soluzione efficace senza la necessità di sostanze chimiche sintetiche. Questi spray utilizzano ingredienti domestici comuni e sono facili da preparare e applicare.

Sapone spray: una semplice miscela di acqua e qualche goccia di detersivo per i piatti può soffocare gli insetti dal corpo molle come gli afidi e i ragni rossi. Spruzza la soluzione direttamente sugli insetti, assicurandoti di coprire la parte inferiore delle foglie dove spesso si nascondono i parassiti.

Olio di Neem: l'olio di Neem è un insetticida naturale derivato dai semi dell'albero di neem. Interrompe i cicli di alimentazione e riproduzione di molti insetti, inclusi afidi, mosche bianche e bruchi. Diluire l'olio di neem in acqua e applicare come spray fogliare sulle piante colpite.

Spray all'aglio e peperoncino: una miscela di aglio, peperoncino e acqua può scoraggiare i parassiti dal nutrirsi delle vostre piante. Questa soluzione dall'odore forte funziona bene per respingere insetti e piccoli animali come i conigli.

Consociazione di piante per il controllo dei parassiti: come accennato nel capitolo 4, la consociazione di piante è un ottimo modo per scoraggiare naturalmente i parassiti. Posizionando strategicamente alcune piante una accanto all'altra, puoi creare un ambiente che confonde o respinge gli insetti.

Calendule: questi fiori sono noti per la loro capacità di respingere i nematodi e scoraggiare molti parassiti del giardino. Piantare calendule attorno al perimetro del tuo giardino può fornire una protezione naturale dai parassiti.

Basilico: il basilico piantato vicino ai pomodori può aiutare a respingere le mosche bianche e le zanzare. Il suo forte aroma funge da deterrente naturale per molti insetti.

Cipolle e aglio: queste piante hanno odori forti che scoraggiano i parassiti come afidi, vermi cavoli e larve delle radici. Piantali insieme alle colture vulnerabili a questi insetti.

6.3 Misure preventive

La strategia più efficace per la gestione dei parassiti e delle malattie è la prevenzione. Creando un ambiente che promuova la salute delle piante e scoraggi parassiti e agenti patogeni, puoi ridurre la necessità di interventi e garantire un giardino sano e produttivo.

Salute del suolo: un terreno sano è il fondamento di un giardino sano. Un terreno ben bilanciato e ricco di sostanze nutritive favorisce una crescita vigorosa delle piante, rendendole più resistenti a parassiti e malattie. Modificare regolarmente il terreno con compost e materia organica ne migliora la struttura, promuove l'attività microbica benefica e migliora la sua capacità di trattenere l'umidità.

Rotazione delle colture: ruotare le colture di anno in anno aiuta a interrompere i cicli di vita di parassiti e malattie specifici di determinate piante. Ad esempio, piantando legumi in un'area in cui in precedenza coltivavi cavoli, riduci il rischio di malattie trasmesse dal suolo e infestazioni di parassiti.

Spaziatura corretta: le piante sovraffollate sono più suscettibili alle malattie perché creano un ambiente umido che favorisce la crescita di funghi e le infestazioni di parassiti. Assicurati di dare alle tue piante spazio sufficiente per consentire una buona circolazione dell'aria, che riduce l'accumulo di umidità e la diffusione di agenti patogeni.

Igiene: mantenere il giardino pulito e privo di detriti è un'altra chiave per prevenire problemi di parassiti. Rimuovi il materiale vegetale morto, i frutti caduti e qualsiasi altro detrito che possa ospitare parassiti o malattie. Inoltre, disinfetta regolarmente gli attrezzi da giardino per evitare di diffondere agenti patogeni da una pianta all'altra.

Piante sane: le piante stressate sono più suscettibili agli attacchi di parassiti e alle malattie. Assicurati che le tue piante ricevano la giusta quantità di acqua, sostanze nutritive e luce solare per mantenere la loro salute. La pacciamatura, l'irrigazione costante e la concimazione adeguata contribuiranno notevolmente a prevenire i problemi prima che si presentino.

Colture trappola: piantare colture trappola è una tecnica in cui vengono coltivate piante specifiche per attirare i parassiti lontano dalle colture principali. Ad esempio, piantare i nasturzi può attirare gli afidi lontano da verdure come pomodori e fagioli, proteggendo le colture primarie.

Conclusione

Una gestione efficace dei parassiti e delle malattie è essenziale per garantire la produttività a lungo termine del giardino del tuo prepper. Utilizzando una combinazione di misure preventive, metodi di controllo biologico e predatori naturali, puoi mantenere un giardino sano e resistente senza fare affidamento sui pesticidi sintetici.

Capitolo 7

Raccolta e stoccaggio

Raccogliere e conservare i prodotti in modo efficace è uno degli aspetti più gratificanti del giardinaggio. Dopo mesi di pianificazione, semina e coltivazione, sapere quando e come raccogliere i raccolti è fondamentale per massimizzare la resa e la qualità del tuo giardino. Nell'orto di un prepper, dove l'autosufficienza è una priorità, è essenziale non solo raccogliere i raccolti al massimo, ma anche conservarli correttamente per garantire l'accesso al cibo durante i periodi di scarsità o di emergenza. Questo capitolo ti guiderà nel riconoscere il momento del raccolto, nell'applicare le tecniche di raccolta adeguate e nell'utilizzare vari metodi di conservazione per preservare i tuoi prodotti a lungo termine.

7.1 Riconoscere il momento della raccolta

Ogni pianta del tuo giardino ha il suo momento ideale per la raccolta. Riconoscere il momento giusto è fondamentale, poiché una raccolta troppo precoce può portare a sapori e nutrienti sottosviluppati, mentre una raccolta troppo tardi può portare a una maturazione eccessiva e al deterioramento.

Verdure:

Ortaggi a radice: colture come carote, barbabietole e ravanelli dovrebbero essere raccolte quando hanno raggiunto la dimensione consigliata per la loro varietà. In genere, gli ortaggi a radice sono pronti per la raccolta quando la parte superiore della radice è visibile sopra la superficie del terreno. Per le radici più grandi, come le patate, le foglie che ingialliscono e appassiscono sono indicatori di preparazione.

Verdure a foglia: le verdure a foglia verde, come la lattuga, gli spinaci e il cavolo riccio, vengono raccolte meglio quando le foglie sono tenere ma prima che inizino ad appassire o a germogliare (andare a seminare). L'ideale è raccogliere le singole foglie esterne secondo necessità o raccogliere l'intera pianta prima che il clima diventi troppo caldo, il che può far diventare amare le foglie.

Ortaggi da frutto: colture come pomodori, peperoni e melanzane dovrebbero essere raccolte quando hanno raggiunto il loro colore e dimensione completi. Uno strattone delicato dovrebbe rilasciare queste verdure dalla pianta quando sono mature e dovrebbero risultare sode ma non dure. I pomodori troppo maturi possono spaccarsi e i peperoni possono diventare amari se lasciati sulla vite troppo a lungo.

Zucca e cetrioli: la zucca estiva e i cetrioli dovrebbero essere raccolti mentre sono ancora teneri e piccoli per il miglior sapore. I frutti più grandi e maturi possono diventare duri o squallidi. La zucca invernale, come la zucca butternut o la zucca ghianda, è pronta quando la pelle si indurisce e resiste ai graffi con l'unghia.

Frutta:

Bacche: raccogli le bacche, come fragole, lamponi e mirtilli, quando sono completamente colorate e leggermente morbide al tatto. Dovrebbero staccarsi facilmente dalla pianta con una leggera trazione. Le bacche troppo mature tendono a cadere dalla pianta e ad attirare i parassiti, quindi controllale quotidianamente durante il periodo del raccolto.

Alberi da frutto: mele, pere e altri alberi da frutto dovrebbero essere raccolti quando i frutti sono completamente colorati e leggermente sodi. Le mele dovrebbero staccarsi facilmente dall'albero con una leggera rotazione, mentre è meglio raccogliere le pere quando sono ancora sode e lasciate maturare dall'albero per evitare granulosità. Le drupacee come pesche e prugne sono pronte quando sono leggermente morbide e hanno un forte profumo.

Erbe:

Erbe a foglia: erbe come basilico, prezzemolo e coriandolo dovrebbero essere raccolte prima che fioriscano per il miglior sapore. Taglia le foglie dalla parte superiore della pianta per incoraggiare un'ulteriore crescita e foltezza.

Erbe perenni: le erbe legnose come rosmarino, timo e salvia possono essere raccolte durante tutta la stagione tagliando i rametti, ma è importante non prelevare più di un terzo della pianta alla volta per evitare di stressarla.

7.2 Tecniche di raccolta

Raccogliere correttamente i raccolti può aiutare a preservarne la freschezza e prevenire danni sia alla pianta che al prodotto. Di seguito sono riportate le migliori pratiche per la raccolta di diversi tipi di piante.

Usa strumenti affilati: usa sempre strumenti affilati come cesoie da potatura o un coltello pulito per raccogliere frutta, verdura ed erbe aromatiche. Ciò minimizza i danni alla pianta e riduce il rischio di diffusione di malattie. Per i frutti più grandi come i meloni o le zucche, usa una lama affilata per tagliare in modo netto il gambo, lasciando qualche centimetro di gambo attaccato al frutto per prolungarne la durata.

Manipolazione delicata: maneggiare i raccolti delicati, come bacche e verdure a foglia verde, con cura per evitare ammaccature o schiacciamenti. Posiziona delicatamente gli oggetti raccolti in cestini o vassoi rivestiti con materiale morbido. Quando raccogli le radici, come le patate, usa una forca da giardino per allentare con attenzione il terreno, quindi estrai delicatamente le radici a mano per evitare di tagliarle o danneggiarle.

Raccolto al mattino: per i prodotti più freschi, cerca di raccogliere al mattino presto quando le piante sono ancora fresche e piene di umidità. La raccolta più tardi nel corso della giornata, in particolare durante la stagione calda, può far appassire rapidamente verdure ed erbe aromatiche e perdere la loro croccantezza.

Taglio sopra il nodo: per le piante che continuano a crescere dopo la raccolta, come erbe e verdure a foglia verde, taglia appena sopra un nodo (il punto in cui una foglia o uno stelo si unisce allo stelo principale) per incoraggiare un'ulteriore crescita e ulteriori raccolti durante la stagione.

7.3 Conservare i tuoi prodotti

Conservare correttamente i prodotti è fondamentale per prolungarne la durata di conservazione e garantire l'accesso a cibi nutrienti durante tutto l'anno, soprattutto durante i periodi di crisi. Esistono diversi metodi per conservare il raccolto, ciascuno adatto a diversi tipi di colture e a diverse durate di conservazione.

Conservazione a freddo: la conservazione a freddo, come la refrigerazione o la conservazione delle radici, aiuta a prolungare la vita di molti frutti e verdure rallentando il processo di maturazione e prevenendo il deterioramento.

Refrigerazione: le verdure a foglia verde, le erbe aromatiche, i frutti di bosco e la maggior parte delle verdure traggono vantaggio dalla conservazione in frigorifero, idealmente tra 32 ° F e 40 ° F (da 0 ° C a 4 ° C). Per evitare che appassiscano, conservare le verdure in sacchetti o contenitori di plastica con un tovagliolo di carta umido per mantenere l'umidità. Anche frutta come mele e pere si conservano bene in frigorifero, ma dovrebbero essere tenute separate dalle verdure, poiché rilasciano gas etilene, che può accelerare la maturazione.

Cantina per le radici: gli ortaggi a radice come patate, carote e barbabietole, così come i frutti resistenti come le mele, possono essere conservati in un ambiente fresco, buio e umido, come un seminterrato o una cantina per le radici. La temperatura ideale per la conservazione delle radici è compresa tra 0 °C e 10 °C (32 °F e 50 °F), a seconda del raccolto. Assicurati di far stagionare le verdure come patate e cipolle in un luogo caldo e asciutto per una settimana prima di riporle per indurire la buccia e prevenire la putrefazione.

Essiccazione: L'essiccazione è uno dei metodi più antichi e semplici per conservare gli alimenti. Rimuove l'umidità da frutta, verdura ed erbe aromatiche, prevenendo la crescita di batteri e muffe. I prodotti secchi possono essere conservati per mesi o addirittura anni se conservati in contenitori ermetici.

Essiccazione al sole: nei climi secchi e soleggiati, puoi essiccare frutta come pomodori, mele ed erbe aromatiche all'aperto. Distribuire le fette sottili o le erbe intere su degli schermi e posizionarle alla luce diretta del sole, girandole regolarmente per garantire un'asciugatura uniforme.

Disidratatori: per risultati più costanti, soprattutto nei climi umidi, utilizzare un disidratatore alimentare. Gli essiccatori consentono di controllare la temperatura e il flusso d'aria, facilitando l'essiccazione di una varietà di frutta, verdura ed erbe aromatiche.

Essiccazione al forno: se non disponi di un essiccatore, puoi utilizzare il forno per essiccare i prodotti a basse temperature. Imposta il forno al minimo e posiziona i prodotti affettati sulle teglie, lasciando la porta leggermente socchiusa per consentire all'umidità di fuoriuscire.

Inscatolamento: l'inscatolamento preserva il cibo sigillandolo in barattoli ermetici e riscaldandolo per uccidere i batteri. Esistono due metodi principali di inscatolamento: l'inscatolamento a bagnomaria e l'inscatolamento a pressione.

Inscatolamento a bagnomaria: questo metodo è adatto per alimenti ad alto contenuto di acido come pomodori, sottaceti e frutta. I vasetti vengono immersi in acqua bollente per un periodo specifico, creando una chiusura sottovuoto che ne impedisce il deterioramento.

Inscatolamento a pressione: per gli alimenti a basso contenuto di acido come verdure, fagioli e carne, l'inscatolamento a pressione è necessario per uccidere i batteri nocivi. Un contenitore a pressione utilizza il vapore sotto pressione per raggiungere temperature superiori a quelle di ebollizione, garantendo una conservazione sicura.

Fermentazione: la fermentazione è un metodo tradizionale di conservazione che utilizza batteri benefici per convertire gli zuccheri in acido lattico, che conserva naturalmente il cibo. Gli alimenti fermentati sono ricchi di probiotici e possono essere conservati per mesi.

Crauti e Kimchi: cavoli e altre verdure possono essere fermentati per preparare crauti o kimchi. Basta mettere le verdure tritate saldamente in un barattolo con sale, coprirle con i loro succhi o una soluzione di salamoia e lasciarle fermentare a temperatura ambiente per diversi giorni o settimane.

Decapaggio: il decapaggio prevede l'immersione delle verdure in una salamoia di aceto, che inibisce la crescita dei batteri. I cetrioli sottaceto, le barbabietole e i peperoni possono essere conservati per diversi mesi in un luogo fresco e buio.

Congelamento: il congelamento è uno dei metodi più semplici per conservare i prodotti freschi. La maggior parte delle verdure deve essere sbollentata (bollita brevemente) prima di essere congelata per preservarne colore, sapore e consistenza.

Sbollentare: sbollentare le verdure come fagiolini, carote e spinaci per alcuni minuti in acqua bollente, quindi trasferirle immediatamente in un bagno di ghiaccio per interrompere il processo di cottura. Una volta raffreddate, scolate le verdure e mettetele in sacchetti o contenitori adatti al congelatore.

Congelamento della frutta: la frutta può essere congelata intera o affettata, a seconda della varietà. Distribuire i frutti di bosco o la frutta a fette su una teglia e congelarli singolarmente prima di trasferirli in un sacchetto o contenitore per evitare la formazione di grumi.

Conclusione

Le corrette tecniche di raccolta e conservazione sono essenziali per massimizzare la resa e la longevità del giardino del tuo prepper. Sapendo quando e come raccogliere i tuoi raccolti e applicando i migliori metodi di conservazione per ciascun tipo di prodotto, puoi assicurartelo

Capitolo 8

Estendere la stagione di crescita

Nell'orto di un preparatore, massimizzare la stagione di crescita è vitale per garantire una fornitura continua di prodotti freschi durante tutto l'anno. Estendere la stagione di crescita consente di raccogliere cibo oltre i tradizionali periodi di semina e raccolta, soprattutto nei climi più freddi dove gelo e neve possono limitare la produzione. Utilizzando tecniche che prolungano la stagione come celle frigorifere, serre, giardinaggio indoor e rotazione delle colture, puoi coltivare cibo tutto l'anno e aumentare la produttività del tuo giardino.

Questo capitolo tratterà le strategie per estendere la stagione di crescita, assicurandoti di poter coltivare raccolti in condizioni difficili, proteggere le tue piante dal gelo e ricostituire il terreno per supportare un giardinaggio sostenibile.

8.1 Utilizzo di celle frigorifere e serre

I telai freddi e le serre sono due degli strumenti più efficaci per prolungare la stagione di crescita. Queste strutture forniscono un ambiente controllato che protegge le tue piante dalle temperature fredde, dal gelo e dal vento, permettendoti di piantare prima in primavera e continuare a crescere più tardi in autunno o addirittura in inverno.

Cornici fredde

Una cornice fredda è una soluzione semplice e a bassa tecnologia per proteggere le piante dal freddo. Essenzialmente, è una scatola poco profonda con un coperchio trasparente (solitamente vetro o plastica) che intrappola il calore del sole, creando un microclima caldo all'interno. I telai freddi possono essere costruiti a buon mercato e sono ideali per avviare la semina in anticipo, indurire le piantine o coltivare raccolti della stagione fredda fino all'inverno.

Costruzione: i telai freddi sono generalmente realizzati in legno, mattoni o blocchi di calcestruzzo, con un coperchio inclinato e trasparente. Il coperchio dovrebbe essere rivolto a sud per catturare la massima quantità di luce solare e il telaio dovrebbe essere isolato sui lati per un maggiore calore. I telai freddi possono essere strutture temporanee o installazioni permanenti nel tuo giardino.

Ventilazione: nelle giornate soleggiate, la temperatura all'interno di un telaio freddo può aumentare rapidamente, quindi è essenziale ventilare tenendo il coperchio leggermente aperto durante il giorno. Chiudere il coperchio durante la notte aiuta a trattenere il calore e protegge le piante dal gelo.

Usi: i telai freddi sono ideali per la coltivazione di verdure resistenti e di stagione fresca come lattuga, spinaci, cavoli e ravanelli. Possono anche essere utilizzati per svernare alcune colture o per avviare la semina in anticipo per la semina primaverile.

Serre

Una serra è una soluzione più avanzata e versatile per la coltivazione tutto l'anno. A differenza dei telai freddi, le serre offrono spazio sufficiente per ospitare piante più grandi e una più ampia varietà di colture. Le serre possono essere realizzate in vetro, pannelli in policarbonato o teli di plastica e sono disponibili in una varietà di dimensioni, dalle piccole strutture da cortile ai modelli più grandi walk-in.

Controllo della temperatura: le serre utilizzano l'energia solare per riscaldare lo spazio, ma possono anche essere dotate di riscaldatori, ventilatori e sistemi di ventilazione per mantenere le temperature ottimali per la crescita delle piante. Durante i mesi più freddi potrebbe essere necessario un riscaldamento supplementare per mantenere la temperatura sopra lo zero.

Coltivazione tutto l'anno: una serra ti consente di coltivare raccolti teneri, come pomodori, peperoni e cetrioli, anche durante i mesi invernali. Fornisce inoltre un ambiente controllato per avviare i semi e coltivare le giovani piante prima di trapiantarle all'aperto.

Prolungare il raccolto: con una serra, puoi prolungare il raccolto dei raccolti estivi fino all'autunno e all'inverno. Inoltre, alcune colture, come le verdure a foglia verde, le erbe aromatiche e gli ortaggi a radice, prosperano a temperature più fresche e possono essere coltivate continuamente in serra.

Manutenzione della serra: mantenere adeguati livelli di umidità e temperatura nella serra è fondamentale. Troppa umidità può causare muffe, funghi e altre malattie delle piante, quindi assicurati di ventilare e monitorare attentamente l'ambiente.

8.2 Opzioni di giardinaggio indoor

Il giardinaggio indoor è un'altra eccellente opzione per prolungare la stagione di crescita, soprattutto se non hai accesso a una serra o vivi in una zona con inverni rigidi. Coltivando le piante indoor, puoi controllare la temperatura, la luce e l'umidità, consentendo una produzione alimentare continua in ogni stagione.

Coltivare ortaggi al chiuso

Molte verdure possono essere coltivate con successo in casa, a condizione che ricevano abbastanza luce e calore. I contenitori e le luci di coltivazione sono essenziali per il giardinaggio indoor, poiché la luce solare naturale potrebbe non essere sufficiente, soprattutto nei mesi invernali.

Contenitori: scegli contenitori di dimensioni adeguate con fori di drenaggio per le tue piante da interno. Le verdure a foglia verde, le erbe aromatiche e le verdure compatte come pomodorini e peperoni crescono bene in vasi o fioriere. Assicurati di utilizzare terriccio di alta qualità per garantire un drenaggio e sostanze nutritive adeguati.

Luci di coltivazione: poiché l'illuminazione interna può essere insufficiente per la crescita delle piante, soprattutto in inverno, è essenziale investire nelle luci di coltivazione. Le luci di coltivazione a LED sono efficienti dal punto di vista energetico e forniscono l'intero spettro di luce di cui le piante hanno bisogno per prosperare. Posiziona le luci vicino alle tue piante e regola l'intensità della luce in base alla fase di crescita della pianta.

Colture indoor: le colture adatte al giardinaggio indoor includono insalate (lattuga, rucola, spinaci), erbe aromatiche (basilico, coriandolo, prezzemolo), piccole piante da frutto (pomodorini, peperoni) e ortaggi a radice (carote, ravanelli) .

Coltura idroponica e acquaponica

Per coloro che sono interessati al giardinaggio indoor ad alta efficienza, l'idroponica e l'acquaponica offrono soluzioni innovative. Questi sistemi senza suolo consentono di coltivare piante utilizzando acqua ricca di sostanze nutritive, che può essere particolarmente utile in spazi limitati o in cattive condizioni del terreno.

Coltura idroponica: il giardinaggio idroponico prevede la coltivazione di piante in una soluzione nutritiva a base d'acqua. Le piante sono ancorate in un mezzo di coltivazione (come perlite, vermiculite o lana di roccia) e le loro radici sono immerse o nebulizzate con acqua ricca di sostanze nutritive. Questo metodo è altamente efficiente e produce rendimenti più elevati in meno spazio rispetto al tradizionale giardinaggio in terra.

Acquaponica: l'acquaponica combina l'idroponica con l'acquacoltura (allevamento di pesci) in un sistema simbiotico. I pesci producono rifiuti, che vengono scomposti dai batteri in sostanze nutritive per le piante. Le piante, a loro volta, filtrano l'acqua, creando un ambiente pulito per i pesci. Questo sistema a circuito chiuso è sostenibile e altamente produttivo, rendendolo una scelta eccellente per il giardinaggio autosufficiente.

8.3 Rotazione delle colture e ripristino del suolo

Sebbene l'estensione della stagione di crescita si concentri sulla massimizzazione della produttività delle piante, è anche fondamentale mantenere la salute del terreno. La semina continua senza dare al terreno la possibilità di riposare può esaurire i nutrienti, portando a rese ridotte e ad una maggiore suscettibilità a parassiti e malattie. La rotazione delle colture e le pratiche di ripristino del suolo sono essenziali per mantenere il suolo sano e produttivo anno dopo anno.

Rotazione delle colture

La rotazione delle colture prevede la semina di diversi tipi di colture in una sequenza specifica nel corso di più stagioni. Ruotando le colture, è possibile evitare di impoverire il terreno di nutrienti specifici e ridurre il rischio di accumulo di parassiti e malattie.

Famiglie di colture a rotazione: le colture della stessa famiglia botanica (come solanacee, brassiche, legumi, ecc.) non dovrebbero essere piantate nella stessa area anno dopo anno. Ad esempio, dopo aver coltivato i pomodori (una belladonna), pianta legumi come fagioli o piselli, che fissano l'azoto nel terreno.

Vantaggi: la rotazione delle colture migliora la fertilità del suolo, riduce l'erosione e interrompe i cicli vitali di parassiti e malattie che colpiscono colture specifiche. Ad esempio, la rotazione delle colture a radice con verdure a foglia verde o legumi aiuta a mantenere un profilo nutrizionale equilibrato nel terreno.

Ripristino del suolo

Dopo un'intensa stagione di crescita, è essenziale ripristinare e reintegrare i nutrienti del terreno per garantire la salute e la produttività future delle piante.

Colture di copertura: piantare colture di copertura (note anche come concime verde) durante la bassa stagione aiuta a ripristinare i nutrienti, migliorare la struttura del suolo ed eliminare le erbe infestanti. Le colture di copertura comuni includono trifoglio, veccia e segale. Queste piante vengono coltivate appositamente per essere reimmesse nel terreno, aggiungendo materia organica e migliorando la fertilità del suolo.

Compostaggio: aggiungere compost al tuo giardino è uno dei modi migliori per ripristinare la salute del suolo. Il compost arricchisce il terreno di materia organica, ne migliora la consistenza e fornisce nutrienti essenziali per la crescita delle piante. Applica il compost alle aiuole del tuo giardino alla fine della stagione di crescita e prima di piantare nuove colture per mantenere il terreno fertile e produttivo.

Pacciamatura: la pacciamatura aiuta a proteggere il terreno dall'erosione, conserva l'umidità e aggiunge materia organica man mano che si decompone. Usa pacciame organico come paglia, trucioli di legno o foglie per coprire la superficie del terreno e prevenire la perdita di nutrienti.

Conclusione

Estendere la stagione di crescita è un'abilità essenziale per qualsiasi preparatore che desideri raggiungere l'autosufficienza nella produzione alimentare. Utilizzando telai freddi, serre, tecniche di giardinaggio indoor e rotazione delle colture, puoi coltivare prodotti freschi tutto l'anno, anche in climi difficili. Mantenere la salute del suolo attraverso adeguate tecniche di ripristino garantisce che il tuo giardino rimanga produttivo e resistente stagione dopo stagione.

Capitolo 9

Creare un giardino sostenibile

Nel contesto della preparazione alle emergenze, un orto sostenibile è più di una semplice fonte di cibo: è un ecosistema che supporta la resilienza a lungo termine, l'autosufficienza e l'equilibrio ambientale. Sostenibilità nel giardinaggio significa utilizzare metodi che preservano le risorse naturali, promuovono la biodiversità e ripristinano la salute del suolo producendo cibo anno dopo anno. Integrando pratiche sostenibili nel tuo approccio al giardinaggio, ti assicuri che il tuo giardino rimanga produttivo e sano a lungo termine, riducendo la dipendenza da input esterni e minimizzando l'impatto ambientale.

Questo capitolo tratta i principi chiave della creazione di un giardino sostenibile, compreso l'uso della permacultura, il compostaggio per il ciclo dei nutrienti e la promozione della biodiversità per migliorare la resilienza dell'ecosistema del tuo giardino.

9.1 Principi della Permacultura

La permacultura è una filosofia di progettazione che cerca di creare sistemi agricoli che imitano i modelli e le relazioni che si trovano negli ecosistemi naturali. Sottolinea il lavoro con la natura piuttosto che contro di essa, utilizzando input esterni minimi e creando ambienti autosufficienti. L'idea centrale è quella di creare un giardino che non sia solo produttivo ma anche rigenerativo, sostenendosi con un intervento minimo.

Principi chiave della permacultura per il giardinaggio:

Osserva e interagisci: il primo passo nella permacultura è osservare il tuo ambiente. Comprendi i modelli naturali del tuo giardino, come la luce solare, il flusso dell'acqua, la direzione del vento e il tipo di terreno. Lavorando con questi elementi naturali, puoi progettare un giardino che richiede meno energia per la manutenzione ed è più resistente ai cambiamenti climatici e meteorologici.

Utilizzare risorse rinnovabili: la permacultura promuove l'uso di risorse rinnovabili come l'acqua piovana, l'energia solare e la materia organica. Ad esempio, i sistemi di raccolta dell'acqua piovana possono raccogliere e immagazzinare acqua per l'irrigazione, riducendo la dipendenza dalle forniture idriche comunali. Il compostaggio dei rifiuti organici ricicla i nutrienti nel terreno, riducendo la necessità di fertilizzanti chimici.

Progettare per la resilienza: i sistemi resilienti possono adattarsi al cambiamento e riprendersi dalle interruzioni. Nel tuo giardino, questo significa piantare una varietà di colture, scegliere varietà robuste e resistenti ai parassiti e progettare per la conservazione dell'acqua. Un giardino diversificato è meno vulnerabile a parassiti, malattie e fluttuazioni climatiche, aumentando la probabilità di sopravvivenza e produttività a lungo termine.

Crea zone: la permacultura incoraggia la creazione di zone in base alla frequenza con cui accedi ad esse. La zona 1, più vicina a casa tua, contiene piante che richiedono molta manutenzione come erbe, verdure e frutta che richiedono attenzione frequente. La zona 5, la più lontana da casa tua, potrebbe essere un'area più naturale o selvaggia in cui permetti alle piante di crescere con un intervento minimo, favorendo la biodiversità.

Funzioni di impilamento: ogni elemento in un sistema di permacultura dovrebbe servire a molteplici scopi. Ad esempio, i polli possono fornire uova, letame per il compost e il controllo naturale dei parassiti, oltre a coltivare il terreno mentre si nutrono. Allo stesso modo, gli alberi possono fornire ombra, protezione dal vento, frutta e materia organica dalle foglie cadute, il tutto sostenendo la salute del suolo e la fauna selvatica.

Applicando i principi della permacultura, crei un orto che richiede meno manodopera, conserva le risorse e sostiene la produzione alimentare a lungo termine.

9.2 Compostaggio per il ciclo dei nutrienti

Il compostaggio è uno dei modi più efficaci per creare un sistema a circuito chiuso nel tuo giardino. Trasforma gli scarti di cucina, i rifiuti del giardino e altro materiale organico in compost ricco di sostanze nutritive che migliora la fertilità del suolo, ne migliora la struttura e promuove la crescita sana delle piante. Riciclando la materia organica, il compostaggio riduce i rifiuti, conserva le risorse ed elimina la necessità di fertilizzanti sintetici.

Vantaggi del compostaggio:

Arricchimento del suolo: il compost aggiunge materia organica al terreno, migliorandone la consistenza e la fertilità. Un terreno sano trattiene meglio l'acqua, sostiene gli organismi benefici e aiuta le piante ad assorbire i nutrienti in modo più efficace.

Ciclo dei nutrienti: il compost restituisce al terreno nutrienti essenziali come azoto, fosforo e potassio, garantendo che le piante abbiano gli elementi necessari per la crescita. Questo processo riduce anche la necessità di fertilizzanti chimici, che possono impoverire il suolo nel tempo e danneggiare l'ambiente.

Riduzione dei rifiuti: compostando scarti di cucina, foglie, erba tagliata e altri rifiuti organici, riduci la quantità di materiale destinato alle discariche, diminuendo l'impronta ambientale.

Sequestro del carbonio: il compostaggio aiuta a sequestrare il carbonio immagazzinando la materia organica nel suolo, che è un fattore importante nella mitigazione del cambiamento climatico.

Come iniziare il compostaggio:

Scegli un metodo di compostaggio: Esistono diversi modi per compostare, a seconda dello spazio e delle esigenze:

Mucchio di compost tradizionale: crea un cumulo di compost in un angolo del tuo giardino dove la materia organica si decompone nel tempo. Girare regolarmente il mucchio lo aera e accelera il processo di compostaggio.

Contenitore per il compost: i contenitori per il compost sono sistemi chiusi che aiutano a mantenere il compost pulito e organizzato. Sono ideali per gli spazi più piccoli e facilitano la gestione dei livelli di umidità e della temperatura.

Vermicoltura (compostaggio di vermi): la vermicoltura utilizza i vermi per scomporre rapidamente la materia organica. I contenitori per lombrichi sono ideali per il compostaggio indoor o su piccola scala e producono un compost ricco di sostanze nutritive noto come lombrichi.

Equilibrio di carbonio e azoto: il compostaggio richiede un equilibrio di materiali "verdi" (ricchi di azoto) e materiali "marroni" (ricchi di carbonio). I materiali verdi includono scarti vegetali, erba tagliata e fondi di caffè, mentre i materiali marroni includono foglie, paglia e cartone. Punta a un rapporto 3:1 tra marroni e verdi per mantenere un cumulo di compost sano.

Mantenere l'umidità e l'aerazione: i cumuli di compost necessitano di umidità e ossigeno adeguati per decomporsi correttamente. Mantieni il compost umido (come una spugna umida) e giralo regolarmente per consentire all'aria di circolare. Se il mucchio è troppo secco, la decomposizione rallenterà; se è troppo umido può diventare anaerobico e maleodorante.

Raccolta del compost: il compost è pronto quando si è scomposto in una sostanza scura e friabile che odora di terra. Questa operazione può richiedere diversi mesi, a seconda delle dimensioni della pila e del metodo utilizzato. Una volta pronto, puoi spargere il compost sulle aiuole del tuo giardino, usarlo in miscele per vasi o creare un tè di compost per fertilizzare le tue piante.

9.3 Biodiversità e suoi benefici

Un giardino veramente sostenibile abbraccia la biodiversità. La biodiversità si riferisce alla varietà di piante, animali, insetti e microrganismi che interagiscono all'interno di un ecosistema. Incoraggiando la diversità nel tuo giardino, crei un sistema più resiliente in grado di resistere a parassiti, malattie e stress ambientali.

L'importanza della biodiversità:

Controllo dei parassiti: un giardino ricco di biodiversità attira una vasta gamma di insetti utili, come coccinelle, merletti e vespe predatrici, che aiutano a controllare i parassiti dannosi. Piantare fiori che attirano impollinatori e insetti predatori migliora il controllo naturale dei parassiti e riduce la necessità di pesticidi chimici.

Resistenza alle malattie: la monocoltura, ovvero la coltivazione di un solo tipo di raccolto, aumenta la vulnerabilità alle malattie che possono spazzare via un intero giardino. Un giardino diversificato, d'altro canto, riduce il rischio di epidemie diffuse di malattie, poiché gli agenti patogeni hanno meno probabilità di prosperare in un ambiente misto.

Salute del suolo: piante diverse apportano nutrienti diversi al suolo. Ad esempio, legumi come fagioli e piselli fissano l'azoto nel terreno, a beneficio delle colture vicine. Le piante con radici profonde come la consolida maggiore assorbono sostanze nutritive dal sottosuolo e le portano in superficie, arricchendo il terriccio. Piantando una varietà di colture, crei un terreno più sano e più ricco di nutrienti.

Habitat della fauna selvatica: un giardino diversificato fornisce l'habitat per uccelli, api, farfalle e altri animali selvatici, che a loro volta contribuiscono alla salute dell'ecosistema.

Uccelli e anfibi aiutano a controllare i parassiti, mentre le api e altri impollinatori sono essenziali per la riproduzione di molte colture alimentari.

Modi per incoraggiare la biodiversità:

Pianta una varietà di colture: incorpora una vasta gamma di verdure, frutta, erbe e fiori nel tuo giardino. La consociazione di piante (piante in crescita che si avvantaggiano a vicenda) può aiutare ad aumentare i raccolti e migliorare il controllo dei parassiti. Ad esempio, è noto che le calendule respingono i nematodi, mentre il basilico può esaltare il sapore dei pomodori e scoraggiare gli afidi.

Crea spazi adatti agli impollinatori: pianta fiori ricchi di nettare come lavanda, girasoli ed echinacei per attirare api, farfalle e altri impollinatori. L'aggiunta di piante autoctone, adattate al tuo ambiente locale, aiuterà anche a sostenere la fauna selvatica locale e a migliorare la salute dell'ecosistema.

Evita pesticidi ed erbicidi: i pesticidi chimici e gli erbicidi possono interrompere il delicato equilibrio della biodiversità nel tuo giardino, uccidendo gli insetti utili insieme a quelli dannosi. Concentrati invece sui metodi biologici di controllo dei parassiti, come l'introduzione di insetti utili, l'uso di barriere come le coperture delle file o l'applicazione di saponi insetticidi fatti in casa.

Costruisci l'habitat: incoraggia la biodiversità fornendo habitat per animali e insetti utili. Installa casette per gli uccelli, cassette per pipistrelli e hotel per le api per attirare la fauna selvatica che contribuirà alla salute del tuo giardino. Crea un piccolo stagno o giochi d'acqua per sostenere gli anfibi, che aiutano a controllare i parassiti come lumache e insetti.

Conclusione

La creazione di un giardino sostenibile è un processo continuo che richiede un'attenta pianificazione, osservazione e impegno a lavorare con la natura. Incorporando i principi della permacultura, il compostaggio per il ciclo dei nutrienti e la promozione della biodiversità, puoi sviluppare un giardino che non solo soddisfi le tue esigenze immediate di sicurezza alimentare ma supporti anche la salute ambientale a lungo termine. Un giardino sostenibile è resiliente, produttivo e una componente fondamentale della vita autosufficiente.

Capitolo 10

Oltre il giardino

Sebbene un giardino sostenibile sia una parte essenziale dell'autosufficienza e della preparazione alle emergenze, la vera resilienza va oltre la semplice coltivazione dei raccolti. Per prepararsi pienamente ai tempi incerti, dovuti a disastri naturali, instabilità economica o crisi globali, è importante incorporare altre fonti di cibo e strategie comunitarie nel proprio piano di sopravvivenza. Ampliare le tue competenze oltre il giardinaggio ti garantisce di avere più modi per assicurarti il cibo, condividere risorse e adattarti alle mutevoli circostanze.

In questo capitolo esploriamo pratiche come la raccolta di commestibili selvatici, l'allevamento di piccoli animali e lo sviluppo della resilienza della comunità per diversificare le fonti di sostentamento e rafforzare gli sforzi di preparazione.

10.1 Ricerca di commestibili selvatici

Il foraggiamento è la pratica di raccogliere piante selvatiche, frutta, noci e funghi a scopo alimentare. È un'abilità preziosa per i prepper perché fornisce un'ulteriore fonte di cibo al di fuori del tuo giardino. Gli edibili selvatici possono essere trovati nelle foreste, nei campi, lungo i corsi d'acqua e persino negli ambienti urbani. Imparare a identificare, raccogliere e preparare cibi selvatici ti assicura di poter integrare la tua dieta con la generosità della natura durante i periodi di bisogno.

Vantaggi del foraggiamento:

Fonte di cibo gratuita: il foraggiamento ti consente di raccogliere cibo senza la necessità di coltivazione o input, rendendolo un modo economico e sostenibile per diversificare la tua fornitura di cibo.

Alimenti ricchi di sostanze nutritive: molti edibili selvatici sono ricchi di sostanze nutritive, spesso contenenti livelli più elevati di vitamine e minerali rispetto alle loro controparti coltivate. Ad esempio, i verdi del tarassaco sono ricchi di vitamine A e C, mentre i frutti di bosco sono una potente fonte di antiossidanti.

Raccolta tutto l'anno: diversi cibi selvatici sono disponibili durante tutto l'anno. In primavera si possono raccogliere giovani germogli e foglie verdi come teste di violino o ortiche; in estate frutti di bosco e funghi; e in autunno noci, semi e radici. Questa varietà stagionale aiuta a integrare la dieta in diversi periodi dell'anno.

Come iniziare a cercare cibo:

Impara l'identificazione delle piante: il primo e più cruciale passo nel foraggiamento è imparare a identificare con precisione piante e funghi commestibili. L'errata identificazione di una pianta può avere gravi conseguenze, poiché alcune piante selvatiche e funghi sono tossici. Investi in una buona guida al foraggiamento specifica per la tua regione e valuta la possibilità di frequentare un corso o unirti a un gruppo di foraggiamento per un'esperienza pratica.

Inizia con piante facili da identificare: inizia con piante facilmente riconoscibili e che non abbiano somiglianze tossiche. Gli esempi includono denti di leone, trifoglio, piantaggine, aglio selvatico e more. Nel tempo, puoi espandere le tue conoscenze per includere piante e funghi più avanzati.

Raccogliere in modo sostenibile: durante la raccolta, praticare sempre metodi di raccolta sostenibili per garantire che le popolazioni selvatiche di piante non siano esaurite. Prendi solo ciò di cui hai bisogno e lasciane abbastanza per consentire all'ecosistema di rigenerarsi. Evita di cercare cibo in aree inquinate o vicino a strade, dove le piante potrebbero essere contaminate da sostanze chimiche o fumi di scarico.

Preparare e conservare: una volta raccolti, molti commestibili selvatici possono essere consumati freschi, essiccati o conservati per un uso successivo. Alcuni potrebbero richiedere metodi di preparazione specifici, come la cottura per rimuovere amarezza o tossine, quindi assicurati di ricercare una corretta manipolazione e preparazione.

Sviluppando le abilità di raccolta, puoi fare affidamento sull'abbondanza della natura per integrare le tue scorte di cibo, soprattutto in situazioni in cui i raccolti coltivati non sono disponibili o sono limitati.

10.2 Allevamento di piccoli animali

Oltre a coltivare il tuo cibo e a procurarti il cibo, allevare piccoli animali è un ottimo modo per aumentare la tua indipendenza alimentare. Animali come polli, conigli e capre forniscono una fonte affidabile di proteine, latte e altri prodotti preziosi. Rispetto al bestiame più grande, gli animali di piccola taglia sono più facili da gestire, richiedono meno spazio e sono più convenienti, rendendoli ideali per i prepper con risorse o terra limitate.

Vantaggi del piccolo bestiame:

Fonte proteica: i piccoli animali da reddito possono fornire una fornitura costante di uova, carne e latticini, che sono fonti fondamentali di proteine e grassi, nutrienti che sono più difficili da ottenere attraverso i soli alimenti di origine vegetale, soprattutto in una situazione di sopravvivenza.

Bassa manutenzione: gli animali di piccola taglia richiedono meno mangime, acqua e spazio rispetto agli animali più grandi come mucche o maiali. Spesso possono essere allevati in ambienti da cortile, rendendoli accessibili anche nelle aree urbane o suburbane.

Letame per il compostaggio: i rifiuti del bestiame sono un'eccellente aggiunta al cumulo di compost, poiché forniscono azoto e altri nutrienti che arricchiscono il terreno. Il letame di pollo, ad esempio, è particolarmente ricco di sostanze nutritive e può aumentare la fertilità del tuo giardino.

Allevamento di polli:

I polli sono una delle scelte di piccolo bestiame più popolari per i prepper grazie alla loro versatilità e facilità di cura. Forniscono uova, carne e letame e possono anche aiutare a controllare i parassiti nel tuo giardino.

Alloggiamento: i polli hanno bisogno di una stia sicura per proteggerli dai predatori e dalle intemperie. Il pollaio dovrebbe includere cassette-nido per la deposizione delle uova, trespoli per appollaiarsi e l'accesso a un recinto o a un'area recintata per il foraggiamento.

Alimentazione: i polli prosperano con una dieta a base di cereali, scarti di cucina e insetti. Consentire ai polli di ruspanti all'aperto nel tuo giardino o cortile fornisce loro ulteriori proteine provenienti dagli insetti e aiuta a ridurre i costi di alimentazione.

Produzione di uova: a seconda della razza, le galline possono deporre un uovo quasi ogni giorno. Le galline continueranno a deporre le uova tutto l'anno se hanno abbastanza luce e un'alimentazione adeguata, anche se la produzione potrebbe rallentare in inverno.

Allevare conigli:

I conigli sono un'altra eccellente opzione per la produzione di carne su piccola scala. Si riproducono rapidamente, occupano pochissimo spazio e possono essere allevati nelle conigliere del cortile o anche all'interno.

Alloggiamento: i conigli necessitano di una conigliera ben ventilata con spazio per muoversi. La conigliera dovrebbe essere rialzata per proteggerli dai predatori e dovrebbe essere pulita regolarmente per prevenire le malattie.

Alimentazione: i conigli possono essere nutriti con fieno, erba e scarti vegetali, rendendoli facili da sostenere in una fattoria. Amano anche le verdure del giardino come i denti di leone e il trifoglio.

Produzione di carne: i conigli sono produttori di carne altamente efficienti e raggiungono la maturità in pochi mesi. Si riproducono rapidamente e possono produrre più cucciolate all'anno, rendendoli una fonte affidabile di carne.

Allevare capre:

Per chi ha un po' più di spazio, le capre forniscono sia latte che carne. Le capre sono animali resistenti che si adattano bene a vari climi e possono prosperare su terreni marginali dove altri animali potrebbero avere difficoltà.

Alloggiamento: le capre hanno bisogno di un riparo per proteggerle dagli elementi e dai predatori. Sarà sufficiente un semplice fienile o un capannone, ma dovrebbe essere sicuro, poiché le capre sono note per la loro curiosità e capacità di sfuggire ai recinti.

Alimentazione: le capre sono eccellenti raccoglitrici e possono brucare arbusti, erba ed erbacce. Sono particolarmente utili per ripulire i cespugli e migliorare i pascoli.

Produzione di latte: le capre da latte possono fornire una fornitura costante di latte, che può essere consumato fresco, utilizzato per produrre formaggio e yogurt o addirittura trasformato in sapone. Per molte persone il latte di capra è altamente nutriente e più facile da digerire rispetto al latte di mucca.

10.3 Costruire la resilienza della comunità

Sebbene l'autosufficienza individuale sia importante, costruire la resilienza della comunità è altrettanto essenziale per la sopravvivenza a lungo termine. In tempi di crisi, la collaborazione con i vicini e le reti locali può rafforzare la condivisione delle risorse, la sicurezza e i sistemi di supporto. Una comunità resiliente è quella in cui le persone lavorano insieme per condividere conoscenze, competenze e risorse, rendendo tutti più capaci di gestire le emergenze.

I vantaggi della resilienza della comunità:

Condivisione delle risorse: nessuna persona può essere del tutto autosufficiente, soprattutto in caso di crisi prolungate. La condivisione di risorse come cibo, acqua, strumenti e conoscenze aiuta a garantire che tutti nella comunità abbiano ciò di cui hanno bisogno per sopravvivere.

Condivisione delle competenze: persone diverse mettono in campo competenze diverse, che si tratti di falegnameria, pronto soccorso, zootecnia o erboristeria. Mettendo in comune le competenze, una comunità può risolvere i problemi in modo più efficace e ridurre la dipendenza dall'assistenza esterna.

Sicurezza nei numeri: in tempi di incertezza, avere una comunità su cui fare affidamento fornisce un ulteriore livello di sicurezza. Un gruppo affiatato può lavorare insieme per proteggere le proprie case, i propri giardini e il proprio bestiame da minacce, inclusi furti o saccheggi.

Come costruire una comunità resiliente:

Formare gruppi locali: iniziare connettendosi con vicini, agricoltori locali e persone che la pensano allo stesso modo e che condividono l'interesse per la preparazione. Organizzare riunioni regolari per discutere della sicurezza alimentare, dello stoccaggio dell'acqua e di altre strategie di sopravvivenza.

Stabilire sistemi di baratto: in una crisi, la valuta tradizionale può perdere il suo valore, rendendo i sistemi di baratto una forma di scambio essenziale. Stabilire una rete di persone disposte a scambiare beni e servizi come prodotti freschi, strumenti o manodopera.

Insegna e apprendi nuove abilità: organizza seminari o sessioni di condivisione delle abilità in cui i membri della comunità possono insegnarsi a vicenda le abilità essenziali per la sopravvivenza. Ciò potrebbe includere tecniche di giardinaggio, conservazione del cibo, pronto soccorso o foraggiamento.

Prepararsi alla difesa collettiva: sebbene sia scomodo da considerare, nelle crisi gravi può diventare necessario difendere le proprie risorse. Collabora con la tua comunità per stabilire un piano per proteggere case, giardini e bestiame da potenziali minacce.

Conclusione

Raggiungere la vera autosufficienza implica guardare oltre il proprio giardino per incorporare altre strategie di sopravvivenza essenziali. Imparando a procurarsi commestibili selvatici, ad allevare piccoli animali e a costruire una comunità resiliente, migliorerai la tua capacità di sopravvivere e prosperare durante le emergenze. Ampliare le tue competenze e collaborare con gli altri rafforza la tua preparazione, creando un solido sistema di sicurezza alimentare, condivisione delle risorse e sostegno reciproco.

Mentre continui il tuo viaggio verso l'autosufficienza, ricorda che l'adattabilità e l'intraprendenza sono fondamentali. Indipendentemente dalle sfide che si presentano, un approccio a tutto tondo che integri la produzione alimentare, l'allevamento degli animali e la resilienza della comunità fornirà le basi per un futuro sicuro e sostenibile.

Conclusione

Coltivare la resilienza per un futuro sicuro

Il viaggio verso l'autosufficienza e la preparazione inizia con un singolo passo ma si evolve in una pratica che dura tutta la vita. In questo libro abbiamo esplorato come creare e mantenere un orto possa servire come base per la sicurezza alimentare, la sostenibilità e l'indipendenza di fronte all'incertezza. Che tu ti stia preparando per catastrofi naturali, instabilità economica o semplicemente cercando uno stile di vita più autosufficiente, le conoscenze che hai acquisito qui ti consentiranno di prendere il controllo delle tue scorte di cibo e di contribuire alla tua resilienza generale.

Tuttavia, un rigoglioso giardino è solo una parte di una strategia di preparazione più ampia. Come hai visto nei capitoli finali, espandere le tue abilità oltre il giardinaggio, sia attraverso la ricerca del cibo, l'allevamento di piccoli animali o la costruzione di una comunità forte, amplia la tua capacità di affrontare le sfide a testa alta. La resilienza non significa semplicemente avere risorse; si tratta di adattabilità, intraprendenza e volontà di lavorare sia con la natura che con i tuoi vicini.

Punti chiave:

1. L'autosufficienza inizia con la giusta mentalità: il fondamento dell'autosufficienza risiede nella comprensione della mentalità del prepper: un impegno nella pianificazione, nella preparazione e nell'autosufficienza. Abbraccia l'idea che attraverso i tuoi sforzi puoi garantire le risorse necessarie per sopravvivere e prosperare, qualunque cosa ti accada.

2. Un giardino ben progettato è un'ancora di salvezza: selezionando attentamente la posizione del giardino, preparando il terreno, scegliendo le colture giuste e implementando pratiche sostenibili come il compostaggio e la conservazione dell'acqua, il tuo giardino diventa più di una semplice fonte di cibo. È una componente vitale del tuo piano di emergenza, capace di sostenerti nei momenti difficili.

3. La natura offre abbondanza oltre la coltivazione: cercare cibo selvatico e allevare piccoli animali aggiunge livelli di sicurezza al tuo piano di autosufficienza. Questi metodi diversificano le tue fonti di cibo, riducono la dipendenza dai sistemi esterni e approfondiscono la tua connessione con il mondo naturale. Imparare a raccogliere in modo responsabile dalla natura e a prendersi cura dei piccoli animali garantisce che la fornitura di cibo rimanga affidabile, anche in tempi di crisi.

4. La comunità è fondamentale per la sopravvivenza a lungo termine: non importa quanto tu sia preparato individualmente, forti legami con la comunità aumentano le tue possibilità di prosperare durante le emergenze prolungate. Costruendo reti, condividendo risorse e mettendo in comune le competenze, crei un sistema di supporto che va oltre il tuo giardino personale. La resilienza della comunità porta a una maggiore sicurezza e favorisce la cooperazione, riducendo il peso su ciascun individuo.

5. La sostenibilità è la strada verso una sicurezza duratura: l'adozione di pratiche sostenibili come la permacultura, la rotazione delle colture e la biodiversità favorisce un giardino che continuerà a provvedere per gli anni a venire. La sostenibilità garantisce che il tuo terreno rimanga sano, che le tue piante siano resilienti e che le tue risorse siano preservate, rendendo il tuo giardino parte

integrante del tuo piano di preparazione sia ora che in futuro.

Andare avanti:

Mentre continui il tuo percorso di preparazione, ricorda che non si tratta solo di prepararsi agli scenari peggiori; si tratta anche di costruire uno stile di vita che enfatizzi l'indipendenza, la gestione ambientale e la resilienza. Le pratiche e i principi che hai imparato in questo libro non sono solo per le emergenze; possono migliorare la tua vita quotidiana, avvicinandoti alla natura e donandoti tranquillità in tempi incerti.

Continua ad affinare le tue capacità, adatta le tue strategie secondo necessità e rimani aperto all'apprendimento di nuove tecniche. Il mondo è in costante cambiamento, e lo stesso vale per il tuo approccio all'autosufficienza. Coltivando il tuo orto, la tua conoscenza e la tua comunità, puoi costruire un futuro sicuro, adattabile e abbondante.

Considerazioni finali:

Essere preparati non significa semplicemente avere abbastanza cibo da conservare per una giornata piovosa. Si tratta di creare sistemi, sia naturali che sociali, che supportino te, la tua famiglia e la tua comunità a lungo termine. Un giardino ben curato è un simbolo di speranza, resilienza e fiducia in se stessi e, se combinato con strategie di preparazione più ampie, diventa un potente strumento per affrontare l'ignoto.

Mentre chiudi questo libro, ricorda che ogni seme che pianti, ogni nuova abilità che apprendi e ogni connessione che promuovi ti avvicina di un passo alla vera indipendenza. I tuoi sforzi oggi sono un investimento nel tuo futuro, un investimento in cui potrai affrontare con sicurezza le sfide, proteggere i tuoi cari e vivere in modo sostenibile, indipendentemente da ciò che ti aspetta.

Alla fine, l'autosufficienza è qualcosa di più della semplice sopravvivenza. Si tratta di prosperare, indipendentemente dalle circostanze. Con la mentalità, gli strumenti e le pratiche giusti, puoi coltivare una vita di sicurezza, abbondanza e pace.